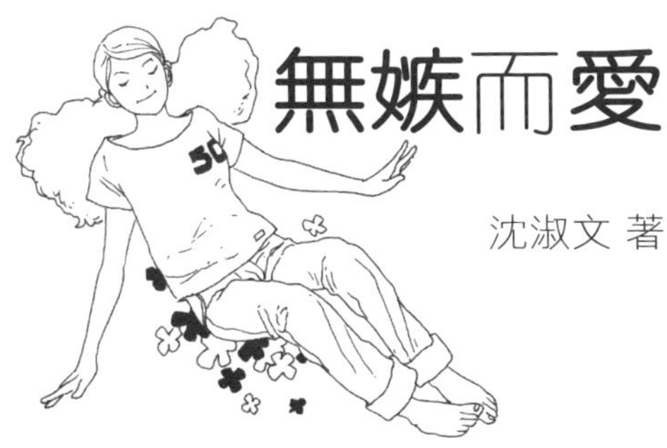

無嫉而愛

沈淑文 著

無嫉而愛

作者／沈淑文
總編輯／馬鎮梅
責任編輯／伍詠慈
美術設計／劉碧雲
出版發行／突破出版社
香港沙田亞公角山路33號突破青年村
電話：2632 0000　傳真：2632 0388
電郵：breakthrough@breakthrough.org.hk
網址：http://www.breakthrough.org.hk
http://www.btproduct.com
承印／陽光印刷製本廠
2000年5月初版1刷
2009年7月2版1刷

Love and Envy

by Lily Sum
First Printing, First Edition, May 2000
First Printing, Second Edition, July 2009

ISBN 978-962-8996-58-2

承蒙Tyndale House Foundation贊助本書之製作及出版經費，謹此鳴謝。
Acknowledgement: The production cost of this book is sponsored by the Tyndale House Foundation.

誠邀閣下就突破出版社的書籍發表意見。請登上www.btproduct.com/book，在「讀者回應卡」頁面內填寫。謝謝。

在情緒的錯覺中

走下陰沉的梯角

才得見那片寬闊之地

而成長就在那裏開始

feel

感覺•我

目錄

1 嫉妒由愛開始？

你見過嫉妒的身影嗎？

曾聽聞，嫉妒喜歡披着黑色的斗篷，像個鬼鬼祟祟的老巫婆，拿着毒蘋果去尋找白雪公主。嫉妒，神出鬼沒，往往在出其不意時，閃進我們的心扉，放下令人隱隱作痛的毒藥。

「那天晚上，我和子健碰上他舊公司一個女同事。反正有空，相約不如偶遇，子健邀請她一起吃晚飯。最初不覺得什麼，但見子健起勁地和她談論舊公司的最新發展，我一句話也插不進去，心中很沒趣。歸家途中，子健跟我説話，我沒有理睬他，他問一句，我勉強答一句。他愈追問，我愈沉默，大家都不好受。」

眼見愛侶跟異性談得很投契，叫人懊惱的不單是那份被冷落的感覺；內心深處，也許還存在一份受威脅的不安。毒蘋果開始產生作用，酸溜溜的，嚥不下，勉強嚥下去，卻刺痛內心脆弱的自尊。

嫉妒的毒性，有時可以摧毀一段感情。

輔導室內，坐着「懸崖勒馬」的偉業。偉業的公司來了個新女同事。由於他們經常合作，話題自然增多；他們由間歇閒談，發展到結伴看電影。相識半年，偉業很享受這份交心的情誼，卻惹來女友的妒意。偉業解釋，他們並沒有親密的行為，但他們心靈上的親密，一樣令女友懊惱。最後女友主動提出分手，偉業才

「醒悟」過來，知道不能「一腳踏兩船」。

偉業感到忿忿不平：「你說，我怎樣應付她那些偵探式的提問？她雖然表面冷靜，聲線溫婉，但她的目光鋭利，像個高高在上的判官。起初，我是心存歉疚的，但她的態度逐漸令我感到厭煩。她不知從什麼途徑得知我的手機密碼，偷看我的留言。昨晚，她追問那個和我午膳的女子是誰，我便忍不住罵她侵犯私隱，她哭得很厲害。大家的情緒都非常激動，也不知說了多少彼此傷害、彼此攻擊的話。我快要崩潰了！」

兩情相悦，愛與妒從一開始便結下不解之緣。糾糾纏纏可以是情趣，最怕是情陷三角，往前招淚，往後退又捨不得。

即使只是輕輕碰撞，因背叛而產生的傷害，那傷口是不易愈合的。傷口背後，是一份失落了的安全感和信任。一方面是對對方失去信心，另一方面是對自己失去信心，懷疑自己的吸引力——究竟我哪些條件比不上她？因為害怕失去，更叫人心緒不寧。那份感覺，其中有不安，混雜着怒意；當中有內疚，又混雜着猜疑。這種情緒錯綜複雜，變化多端，很少人會察覺它的名字叫「嫉妒」。

嫉妒真的這麼可怕嗎？嫉妒真的會令美好的愛情毀於一旦？從偉業的例子可以窺見一二。當偉業的女朋友發現他有個要好的女性朋友，那份不安是可以理解的。只是當她控制不了心裏萌生的妒意，便會演變成帶神經質、沒有建設性的猜疑行為。愈追逼得緊，只會把對方推得更遠。嫉妒一旦化身成窮追不捨的獵犬，只會弄得雙方疲累不堪，令關係更形緊張。

愛的影子

嫉妒一向被視為愛的影子。愈喜歡一個人，所引發的妒意愈深。文人哲士總愛把妒忌或醋意描繪為曾經深愛的表現，聖奧古斯丁有一句經常被人摘錄的名句：

「不感到嫉妒的人並沒有墮入愛河。」

我甚至見過這樣的生命格言：

「不感到嫉妒的人沒有能力去愛。」
(Andrea Capellanus, 31 Rules for Life)

你認同他們的看法嗎？愛與妒的關係是否真的如影隨形？

那邊廂，也有專研家庭學的社會學家認為嫉妒是愛的大敵。當嫉妒不經不覺潛入尋常百姓家，愛就會收拾細軟，在抵受不了嫉妒的折磨時，隨時奪門而逃。這是社會學家 Eruest Groves 的看法。

嫉妒的人們

沙翁筆下的奧塞羅在嫉妒，曹雪芹筆下的林黛玉在嫉妒，電視劇不少主角也遭其他角色所嫉妒……有沒有人可以一生不被情所困，或者犯不着與嫉妒打交道，總是怡然自得？我傾向相信，文學或通俗文化（電視劇、電影、流行歌曲等）經常以嫉妒為主題，正反映出人類與嫉妒的不解之緣，叫我們不敢輕言自己是個從不嫉妒的人。

當我為這本書搜集資料時，與身旁的朋友、同事談及「嫉妒」這話題，不少人竟慷慨地與我分享他們曾妒忌別人的零碎片段，談起時仍歷歷在目、感受猶新呢！大概嫉妒是人際中頗普遍的經驗，只要有人喊一句「我妒忌」，旁人好像立時體會箇中意思，能娓娓道出相同的感受。

愛情路上，碰上酸風醋雨、三角危機，應如何化解呢？這本小書一方面希望探討嫉妒、醋意、比較等情緒的本質，另一方面希望為受妒意所困的人找出路，特別是那些在人際關係上缺乏信心，容易懷疑自己及缺乏安全感的人，或許能給你一些啟迪。當然，大家最關心的，仍是當嫉妒這情緒來輕敲心門，甚至出其不意地偷襲時，該如何自處？有克服它的竅門嗎？

平常心看嫉妒

愛情世界之外，嫉妒仍會到處敲門的。

「公司最初只有我跟老闆拚搏，捱了兩年多，公司的業務漸見成績。生意額大了，他便多聘兩個人；我的老闆以前什麼事都會跟我講，但看見他現在重用新同事，有時候我會豎起耳朵，留心他們的對話，聽見他吩咐他們處理一些我未有所聞的計劃時，我心裏便很不舒服，惱他為什麼不將計劃告訴我。」

自己原本擁有一份快樂，有人卻不請自來，要分一杯羹，你有什麼感受？據阿聰形容，像被迫嚥下一杯苦茶！阿聰說起來有點消沉，就像家中添了一個弟弟或妹妹，關注被分薄了，難免引起不快，更容易產生敵意，引起比較和競爭。

幾年來，在輔導室內碰上不少「有苦自己知」的朋友，亦碰見不少浮沉於酸風醋雨的「愛情苦主」。嫉妒畢竟是一種隱藏而複雜的情緒，絕少人會跑進輔導中心開宗明義要求「整治」個人的妒忌心，然而當坐下來細談個人的感情生活、人際關係、自我形象、成長創傷等問題的時候，便漸漸體認自己其實被嫉妒所困擾。

嫉妒心理，人皆有之，犯不着太介懷。心理學家發現，情緒，當然也包括嫉妒，是人類其中一種自我防禦本能，幾千年來我們的祖先就具備這樣的本能。因為嫉妒帶來的後果很多時是負面的，我們傾向標籤它，認為它只與某一類型的人有關，例如「神經質」或「低 EQ」。

事實上情緒智商的高低與嫉妒心沒有什麼直接關係，高 EQ 的人也會嫉妒，當然培養高 EQ 對於消解嫉妒很重要。有一點可以肯定的是，嫉妒這情緒反應最常發生在我們所重視的人際圈子中，特別是最親密的關係當中。因為嫉妒、煩惱、悲傷、惱怒、挫折的背後，往往是一份對別人的愛，對親密關係的渴求，以及對自我確定的追尋。不論婆媳、兄弟、同事、朋友，甚至在寵物的世界裏，那份愛與妒的微妙關係依然存在。

從小到大，誰又未嚐過「嫉妒」或「吃醋」的滋味？「吃醋」的對象除了愛侶，還有父母親、老師、同學、上司、兒女，甚至伴侶日夜埋首的工作與層出不窮的網上玩意，都會令你「妒火中燒」呢！所以，即使你不以為自己會被嫉妒所困，我也邀請你加入探討的行列，從別人的身上觀照自己，也許你會有更多有趣的發現，認識自己多一些！

藉着了解嫉妒產生的原因，便能找到解決方法，學習克服這情緒，進而修補過去可能由於父母的偏愛、成長中的競爭、人際間的離合所遺留下來的傷害。希望讀者透過掌握有關嫉妒的心理知識，能夠避免陷入人際關係的困局，被嫉妒擾亂你的心懷，甚至破壞你的生活。

當你肯面對內心的妒意，你可能會發現自己是個敏感多疑的人，容易焦慮，害怕被人拒絕，又帶點神經質，心地頗壞，會想着去報復……這麼不可愛，於是又會責備自己，又會內疚。難怪有人形容妒忌為一道幽光，暗暗映照出每個人不太可愛的本相。但又有誰是全然可愛或完美的呢？我們不必把嫉妒視為一個討厭的訪客，不妨以一顆平常心待之。當我們在種種人際關係中學習愛與被愛的同時，學會面對內心的負面情緒，不再逃避，自能從嫉妒中成長。

情緒卡路里

凡事切忌走向極端，這道理人人都會講。情緒教育大行其道多年，當中的要訣也離不開「合乎中道」、「找平衡點」這老生常談的原則；只是實踐起來卻是一門學問，總不能一味說「人之常情」、「恰到好處」便能產生助益。心理學家哈克博士（Dr. Paul Hauck）在處理嫉妒這個複雜的課題時，提供了一個為人熟悉、簡單易明的比喻作為入手點，那就是「卡路里」（Calorie）。

要維持身體的健康與活動量，我們每天都需要透過進食去攝取足夠的卡路里，每天若消耗一千卡路里，便得補充另外一千卡路里，過多會積聚成脂肪，過胖之餘對身體也無益；過少會令精神不振，漸漸地營養不良。就心理健康這個層面而言，「情緒食糧」是我們每天必須「汲取」的，所謂情緒食糧，就是指一些令自己情緒、心理滿足的行動，例如一句問候的話、一個微笑、一句讚賞、一份小禮物、一個擁抱、手牽手等，有一派心理學者把這些行為統稱為「正面安撫」(Positive Strokes)。

哈克博士認為，嫉妒的出現是長期情緒營養不良所致。比方説，某人每天需要十份「情緒食糧」，以保持適度的情緒滿足，某天他只攝取了九份，可能是身邊伴侶沒有給他足夠的關注。最初他只會稍微感到「飢餓」，少許不適，沒有什麼大不了。遇到這些情況，有人會用其他方法去補給，也有人會主動告訴對方「我餓了」(請注意一下我)，也有人不去理會它，反正一餐半餐也餓不壞。然而，若長期處於「匱乏」，情緒機能便會失去平衡，產生問題。

合理的滿足

造成嫉妒的素材往往是細細碎碎的感覺，而感覺一旦累積起來，足以蓋過我們的理性。在任何關係中，這都是一個緊張狀態或危險的處境。嫉妒開始出現時，便是警鐘響起之時，有人比喻它為維護關係的哨兵(Jealousy Guarding)，提醒我們作適量的改變，只是當我們日積月累，沒對情緒加以理會，就像一個人把身子飢壞了，終有一天他會變得如狼似虎，飢不擇食，甚至貪得無厭。這個時候，也許再多的食糧也無法滿足心中的「飢渴」。

按着這個「情緒剛好滿足」（just reasonable contentment）的說法，哈克博士鼓勵正受嫉妒困擾的人反問自己：「我感到焦灼不安，猜疑不滿，是因為情緒上得不到合理的滿足？還是因為昔日累積的飢渴，變得失卻分寸，過分緊張、一味需索呢？」

合理地滿足自己的情緒需要只是個簡單的開始，真正的釋然還得從改善人際關係着手。情緒食糧是買不到的，要有人樂意付出，其他人才能享用。然而，切忌每付出一份，便數算着要得回一份。人世間的情與愛，人與人的真心交往，既非單向平面，亦無從量化，甚至不該量化。若我們將「付出愛」與「接受愛」化成計算單位，人際關係便變得膚淺也不可愛。

現實中，很少人能夠從伴侶身上得到他所需的一切情緒食糧；但這些欠缺不一定會引起嫉妒，只要你在情緒上不太苛索，並且和伴侶找到一個愛得合宜又能顧及雙方需要的立足點，已是邁向成熟關係的第一步。說來容易，實踐起來卻是一生的功課，就讓我們從學習辨識自己的嫉妒情緒開始吧！

嫉妒測試——你善妒嗎？

你碰見過以下的情境嗎？即使沒有，試想像自己身處其中，這些情境對你有多大困擾？

0—處之泰然　　1—少許不安　　2—有點困擾
3—頗多困擾　　4—極度困擾、耿耿於懷

□ 1　你的伴侶（丈夫、妻子、男／女朋友）在派對中備受注目，穿梭於來賓中，忙於和人打交道。

□ 2　三五知己結伴同遊，你的伴侶忙於照顧其他人，忽略了你的需要。

□ 3　你的伴侶與一位異性同事在公事上有很緊密的合作，並且經常超時工作。

□ 4　每逢某兄弟姊妹回家吃飯，你留意到那一餐的飯菜特別豐富。

□ 5 只要某兄弟姊妹稍提出要求，你的父母總設法滿足他 / 她的需要。

□ 6 父母經常在親戚朋友面前誇獎你的兄弟姊妹。

□ 7 你一直受上司器重，公司最近卻來了一位甚受同事歡迎的新同事，老闆亦說他 / 她有潛質。

□ 8 一羣好朋友當中，有人新居入伙，你是最後一個並且頗遲才知道的人。

□ 9 你的上司把一項甚具發展潛力的工作，委派給另一位同事負責。

□ 10 你發現你的伴侶隔一段時間便會佩戴舊情人送贈的手錶。

□ 11 與你的伴侶談得來的朋友中，異性比同性的數目還多。

□ 12 你的伴侶近日對一些你完全不感興趣的活動產生很大興趣，影響了你們相聚的時間。

□ 13 與你同時期加入公司的同事，人緣比你好。

□ 14 你的「頭號老友」認識了一羣新朋友，而且顯得不亦樂乎。

□ 15 近日與你同病相憐，在失戀傷痛中互相扶持的朋友，喜孜孜地向你匯報他 / 她的新戀情。

☐ 16 每當你的伴侶見到有吸引力的異性時，總不期然多望兩眼。

☐ 17 有人向你的伴侶有意無意地獻殷勤。

☐ 18 你的好友忘記了你的生日，另有節目。

把答案的數字加起來，便是你的總分：________

分析

0-18 分　在一般情況下，你是一個生活自如的人，嫉妒的出現多屬於間歇性情緒，只會引起些微不安。

19-36 分　你與大部分人的分數相近，某些情境、某一段關係較容易引起你的不安或困擾。

36 分以上　你有比較多的嫉妒困擾，可能你的性格比較敏感，也可能你所重視的關係最近出現緊張矛盾。

筆者申明，這絕非一個經過嚴謹科學研究的心理測試，只能給你參考，分數高低的意義不大。值得留意的是，怎樣的人和處境容易觸動你的情緒？為什麼這些情況每次出現都會令你耿耿於懷？妒意經過三數天仍揮之不去，和自己的性格有沒有關係？是否內心有某些「情結」仍未紓解？

嫉妒是長期情緒營養
不良所致。

嫉妒有如胡椒粉，輕輕灑一點，為關係調和味道；灑得太多，卻弄得嗆鼻灼喉。

Ayala M. Pines

2 愛河中的「醋意」

吵吵鬧鬧中，子菁與志泉不經不覺相戀兩年了。

相識兩週年紀念日，他們相約往離島共度一天，並協議在這個特別的日子，任何情況下都不吵架。怎料，志泉的手提電話突然響起來，子菁眼巴巴望着男友接電話，心中不是味兒，她想：「關掉手機不可以嗎？有留言服務嘛！」她知道這樣的話定會惹來一番吵鬧，於是控制自己不說。

數分鐘後，志泉掛了電話，子菁最終按捺不住，問了一句：「誰的來電？」志泉輕鬆地回答：「公司同事，有緊要事。」「有緊要事？這麼晚，他們仍未下班嗎？」志泉覺得不對勁，他知道子菁又要發脾氣了，他輕輕地歎了一口氣。這一聲歎氣，那片刻的沉默，在子菁眼裏，像控訴自己的不成熟與無理，她覺得很委屈，情緒一下子跌至低點，心裏壓抑得快要爆炸。

孤單的情人

兩年來，身旁的人均說他們很合襯，更盛讚志泉是個一等一好人。曾幾何時，子菁也感到自己很幸福，叫身旁的人既羨且妒；然而相戀一段日子後，子菁發覺志泉要關心的人、要關心的事實在太多了。

既然愛上一個到處受歡迎，又不懂得向人說「不」的男朋友，子菁只好努力地扮演一個大方得體的女朋友。當初，她正是被他的善解人意深深吸引，叫她這個成長於疏離家庭的人無法抗拒；特別在那段失業失意的日子，他的細意關懷令她感動，他的交遊廣闊更引領她走入一個多姿多采的新世界。

只是相處了一段日子，她發現每次約會時，他的手提電話總是響個不停，找他的大多是女性。志泉從不諱言他的女性朋友比男性朋友多，而這些女性朋友也知道他心有所屬。然而，電話愈多，子菁的不安愈嚴重，吵鬧也多起來。志泉不是替這個朋友買電腦，便是去安慰那個失戀的朋友；漸漸地，子菁感到自己像個孤單的情人，經常要乏力地面對志泉所謂的「紅顏知己」。子菁努力去爭取屬於他倆的天地，卻換來一個「不體諒」、「呷乾醋」的罪名。

五味架上的醋意

縱使是不太光彩，有時候，肯承認「呷乾醋」，也不失為一個檢視自己內心、了解自己更多的機會。你對個人警報系統發出的信號有多少認識，有多敏銳呢？有人說，愛情如人飲水，冷暖自知，嫉妒這感覺又如何呢？最深刻的體會與理解，往往是從個人的經歷出發，不妨先來個小小的練習。

試回想過往拍拖關係中一次你最深刻、最難忘的「吃醋」回憶，詳盡細緻地回想整件事的始末。

1. 在這件事發生之前，有沒有其他類似的事件出現過？
2. 事情發生之前，彼此的關係如何？
3. 請描述事情的經過（人物、時間、地點……）。
4. 你認為導火線是什麼？
5. 對方有什麼反應（表情、言語、行動……）？

當你已有一幅清晰、完整的回憶片段，再想想：

6. 你的感受如何？

	強烈	間中	沒有
不安 / 焦慮	□	□	□
傷心	□	□	□
無助 / 害怕	□	□	□

羞辱	□	□	□
孤單	□	□	□
憤怒 / 生氣	□	□	□
失控	□	□	□

7. 你的身體有什麼反應？

	強烈	間中	沒有
心跳加速	□	□	□
暈眩	□	□	□
冒手汗、手顫抖	□	□	□
身體發抖	□	□	□
腦袋一片空白	□	□	□

8. 你腦海中想着什麼？

	強烈	間中	沒有
自責	□	□	□
自憐	□	□	□
失敗	□	□	□
被背叛	□	□	□
丟臉	□	□	□
報復	□	□	□

9. 你採取了什麼行動？

- □ 思想和探究整件事的始末
- □ 逃避，不去處理
- □ 與對方理性討論，想辦法改善關係
- □ 以牙還牙
- □ 言語上反擊對方
- □ 離開對方
- □ 說些令對方難過的話
- □ 一笑置之
- □ 哭泣
- □ 否認
- □ 默不作聲，裝作沒事發生
- □ 動粗
- □ 不言不語，但明顯地表現不高興

答完問題，你對自己有什麼發現？當你分析自己的感受、想法和反應，你是否發現有一定的模式？假設時光倒流，你會採取同樣的行動、說同一句話嗎？有沒有更理想的選擇？你的要求合理嗎？所謂導火線，會不會是一場誤會呢？到底是什麼讓你感到不舒服，是自己鑽牛角尖的猜想？抑或是事實呢？

我們常常慣於在某個角度看事情，很少會掌握全部事實。一旦以單方面猜想作補充，就足以讓自己生氣不已，因為通常與嫉妒有關的思想都是負面的。就像前述的好幾個例子，當對方與別人聊得投契，很容易將「對方忽略了我的感受」的事實解讀為「對方不愛我了！」或是「他/她比我更具吸引力！」之類的想法。

追尋愛的背影

有心理學者曾進行一項調查，探討一般人如何理解嫉妒的根源或起因，最多人選擇的答案依次為：「缺乏安全感」、「害怕失去面子」、「彼此關係出現問題」及「被排擠於關係之外」。如果你經常遇上類似子菁的煩惱，如果你不時在形形色色的三角關係中打轉，不妨想想以下問題，也許能幫助你了解煩惱的根源：

1. 你和你的伴侶在什麼情況下認識？當時你的感受如何？你對對方有什麼感覺？對方最吸引你的是什麼？為什麼你認為對方是可以發展的對象？什麼原因令你決定向對方託付終

身？這段關係中你認為最重要的是什麼（例如：互相尊重、互相需要、互相照顧）？

2. 試描述近期引起你醋意的情境，你當時有什麼感受（例如：被丟下不顧、挫敗感）？

3. 細閱你寫下的兩組答案，你認為兩者有什麼關係？

你有什麼新發現？當初對方最觸動你的性格素質，或者關係中最令你滿足的地方，與今日嫉妒經驗中最主要的內容是否有什麼關連？

維護愛情的哨兵

許多有關情緒的論著，都把嫉妒歸入「損耗性情緒」的類別，面對那份威脅，害怕失去，感到既無助又缺乏安全感，既不滿又自責，確實不好受。但嫉妒真的一點可取的地方也沒有嗎？

有一派心理分析學者相信，最初兩情相悅，把雙方吸引在一起的因素，往往是引發嫉妒或日後摩擦的根源。以子菁和志泉為例，子菁起初最欣賞志泉對人感情豐富及交遊廣闊，到後來叫子菁忐忑不安的，也是志泉這些優點。我曾經遇過一位受助者，不滿女朋友與男同事在電話上不單談公事，而且有說有笑，無所不談。後來，當他再仔細觀察，發現女朋友對每一個人，無論男女，都同樣親切，他才比較釋然。

人類的每一種情緒，均發揮着某程度的保護作用，好比一個防護系統。例如恐懼可能是提醒你危險將至，須趕快逃離現場。同樣，嫉妒也有它正面的功能，適量的醋意有如警報，像一個愛情哨兵，提醒你一段你重視的關係可能起了變化：可能會出現第三者，或暗示某種隱藏的威脅，也可能反映出彼此間有一些誤會，甚至有隨時離你而去的可能。

欣賞的界線

卡啦 OK 內，德明與敏兒難得與一班朋友碰頭，幾杯下肚後，眾人的情緒特別高漲，有人選了一系列的合唱歌曲，大部分是情歌。唱 K 是敏兒的強項，眾人也爭相與她合唱。她卻沒有留意到德明的納悶，特別是當曾經追求她的 Ryan，情深款款地望着她對唱，用不着酒精的幫助，德明已感到一股妒火湧上心頭。當敏兒唱完一首歌，他便推說另有約會，拉着敏兒離去。

人是很矛盾的。我們喜歡一個人，總希望其他人也對自己所愛的人表現出一點欣賞和羨慕；情人眼裏出西施之餘，大抵也渴望自己的眼光得到某種認同與印證，渴望別人稱讚自己的男朋友有才華，自己的女朋友溫柔體貼。可是，當別人對自己的伴侶感到興趣，表達太深切的欣賞，我們的嫉妒又會發作。

你認為德明的反應過敏嗎？還是 Ryan 的舉止先超越界線？感受和判斷可以很主觀，也着實難分對錯；畢竟男女間互相吸引，多少存在非理性、潛意識的部分。但訂定清晰的界線，一定可減少傷害和誤會。

只要德明不任由心中妒火繼續燃燒，發展到揮拳或惡言相向的地步，他的情緒反應還是可接受的。很多人也經驗過不同程度的「過境嫉妒」(Transient Jealousy)，這種情緒屬於過渡性質，只帶來輕微而短暫的不安，無須過分在意。然而，若情緒持續一段日子或經常出現，警報系統或許在告訴你，彼此的關係已經失調，那麼你最好不要逃避，趕快坐下來正視個人感受，檢視自己的想法和判斷，並採取一些正面的行動來解決問題。

嫉妒心有別於嫉妒行為。就像「內心生氣」與「表現敵意」不同，「心裏嫉妒」與「表現出嫉妒」也相異，一般來説，後者比前者更容易使人際關係惡化。當你感到心裏不適或開始醞釀嫉妒行為時，不妨深呼吸，告訴自己：「我知道我開始嫉妒了，但是到此為止，不要做出任何破壞關係的行為！」情緒是自己掌控的，我們有能力去選擇表達的方式，這可以讓後果完全不同。《聖經》説：「生氣卻不要犯罪」，當嫉妒來叩門又不小心放了它進來，別任由它到處點起火頭，也無需急着甩開這種本能的情緒，只要把重心轉移，自能把負面的影響漸漸消解。

「情敵」多面睇

一提起三角關係，即時叫人聯想起婚外情、外遇、一腳踏兩船等。情陷三角固然是苦，引起醋意的卻未必是真正的「情敵」。有戀愛經驗的人都體會到，所謂「情敵」，當然可以是一位特定的異性對象，但更多時候是對方無微不至的母親、發展中的事業、要好的金蘭姊妹、常常需要照顧的學生，甚至多方面的興趣、為增值的進修……

所以嫉妒不一定與背叛、失戀等扯上關係，更普遍的情況是：想獲得別人注意，而身邊的人卻視若無睹。那份被忽略的感覺積壓心頭，有時會令人不禁自問：「我是個沒趣沒腦的人嗎？」「我不值得你多花一點時間、一些心思在我身上嗎？」「我很難纏嗎？」用哈克博士的角度來看，那是因為得不到充足的情緒食糧所致，更擔心的是投注的感情得不到回報。

許多時候，我們並沒有自己想像中那樣大方。當你拖着疲倦的身軀歸家，極渴望對方給你一句問候或一杯熱茶，他卻一直拿着電話，一談便個多小時。當對方在晚宴中到處穿梭，忙着應酬，叫你坐了一整夜的冷板凳，你自然會感到不快，妒意油然而生。

表達的考慮

只是，懊惱、生氣到什麼程度才算正常，才算沒有超越界限呢？你若期望一個標準答案，恐怕要失望了；然而，想要些參考資料還是有的。有研究顯示，面對嫉妒心情，大部分人的反應還是傾向理性的。大概有八成人會藉着事件思考探究，想辦法改善關係；因嫉妒而動粗，籌算報復的，畢竟只屬少數。大多數人的即時反應是不言不語，不瞅不睬，甚至指責抱怨。人非草木，怎能一點也不動怒呢？

另一方面，我們亦無須執著什麼才是正常反應，把焦點放在可以改善之處不是更有意義嗎？比較積極的是，事過境遷後，找個適當的時機，大家坐下來，開心見誠地向對方表達自己的難過和失落；但絕不是抱怨、責備或投訴，又或故作生氣令對方難受。不少資深輔導員均指出，互相指責是最毒害關係的，從沒有人能透過埋怨哭訴，使對方愛自己多一點。

當你缺乏情緒食糧的時候，不妨想想對方也需要人關心。誠然，自己感到缺乏時，哪有心力付出呢？可能你目前做不到，但在心態上可以顧及一下對方的需要嗎？下次當你想表達內心的需要或不滿時，試換個角度，從對方的立場思考，想像一下對方的處境，你也許會先說：「我可以想像到，你是左右做人難……」「我這樣說，你可能會感到我想限制你的自由……」然後才表達自己的感受：「但我也想你知道，我其實很生氣……」「我有一種沒有被重視的感覺……」最後，清楚讓對方知道你的具體期望和需要。許多時候，說話的態度比內容重要，能夠心平氣和地與對方說話，問題已經解決了一半。

妒忌的情緒經驗

處理嫉妒始於先了解自我的不滿足及不確定。

Jean Didion

爭寵奇兵

三角拉扯並不是戀愛的專利，它也存在於其他關係中。到外地自由行（特別是長途旅程），幾乎所有人都會發出這樣的忠告：千萬不要三個人去，二人、四人都是理想的組合；三人同行，當兩人談得興起，另外一人便會覺得無所適從、備受忽略，很可能最終敗興而回。三人行引起的尷尬處境，相信誰也經歷過，三角拉扯，不會好受。

記得少年時，筆者和同學也曾有過「三角關係」。三個要好的同學，無分彼此，絕少「三缺一」。然而，其中兩個的興趣比較接近，都喜歡攝影、彈琴，惟獨我對這些一竅不通。坦白說，看到她們這樣投契，我有時會覺得被擠出局，感到孤單。後來，由於選科不同，組合亦改變了。我與其中一位選讀同一科，自然較多時間走在一起，共同鑽研功課，話題也增多。當時並沒有體察到選了別科的那位同學的感受，只記得某天一個同學路見不平，義憤填膺地向我大興問罪之師，怪我「搶走了某某的好朋友」，我才恍然大悟，知道我們的好朋友給冷落了。

少年人的心思較細密，對人際相處也比較敏感。班上鬧哄哄替身邊好朋友開生日會，你會替他高興，但很快你又會將注意力轉移到自己身上，或會因未享有同等待遇而感到酸溜溜。少年十五二十時，情感最容易被身邊發生的事牽動。大多數年輕人對自我並不肯定，渴望得到同輩的認同與重視，亦懼怕身邊人冷落自己。事實上有研究顯示，少年時期的嫉妒情緒最明顯和濃烈。

天生嫉妒

有沒有看過《反斗奇兵》這套電腦動畫？拉線牛仔胡迪一直是小主人安仔最心愛的玩具，直至太空警察巴斯光年出現，胡迪便感到受威脅。他瞧不起巴斯光年，不斷數算他的弱點，並乘機留難和戲弄他。他一向重視和主人的關係，現在多了一個人，關係自然起了變化，其實是深怕自己的一哥地位不保，最終會被巴斯光年取代；即使能保住自己的地位，仍恐怕主人對他的愛被分薄，叫他的心頓感不安。

自三十年代開始，心理分析學派興起不少有關性格與出生排序的研究，發現嫉妒是兄弟姊妹關係中一個主要元素（sibling rivalry）。小孩子爭寵主要是因為他們不懂得照顧自己的需要，事實上，不用把這階段的嫉妒看得太負面。研究又同時指出，矛盾也是一個常見的複雜情緒，超過一半以上的小孩子在兄弟姊妹離開一段時間後會感到很掛念對方。

有近期的研究更指出，三個月大的嬰兒已能對周圍的人產生意識，表現出明顯的嫉妒心理，而不是以前認為的，到兩週歲後才會顯露嫉妒、害羞、驕傲等較為複雜的心理。加拿大約克大學一羣從事兒童心理和智力發育研究的學者，對五十名分別為三個月、六個月和九個月大的嬰兒進行實驗，發現當母親將注意力轉向其他人（如聊天），並不時發出笑聲，三個月大的嬰兒已經會蹬腿和叫喊。

曾經何時，我們是最敏銳的「觀察家」，十分留意家中的變化，當添了個小弟弟或小妹妹，看到父母忙碌地照顧這個「不速之客」，我們便覺得父母不再重視自己。小小年紀，已經察覺到父母給自己的愛被分薄了，像「分餅仔」一樣，愈多人分，自己所得的當然愈少，怎會不惱怒和妒忌呢？

我有多重要

婚前輔導小組中，只剩下建明與佩玲一對仍未決定婚期。建明認為是時候結婚了，佩玲則表示戀愛不過兩年，彼此的了解仍未足夠，況且兩人還年輕，她坦言未有心理準備嫁人。

當輔導員提議他們花多些時間溝通彼此期望，建明卻指出佩玲的工作很忙，又有其他事情佔去她的時間，相處機會實在不多。於是佩玲答應在時間管理上下些工夫，讓兩人有多些時間見面，增進彼此的感情。以為取得初步共識，建明卻東拉西扯，說了一大堆無關痛癢的事情，繼而一陣沉默，神色凝重地問：「如果我遇上車禍入了醫院，你會怎辦？」佩玲認真地說：「我當然會立即趕去醫院，我會很擔心呢！」

建明向來以為自己很獨立，不介意女朋友不常陪伴身邊，但這一段日子空閒時間多了，他便覺得女友疏忽了他，沒有照顧他的感受。他開始懷疑自己在女友心目中的重要性，以為藉着「逼婚」，能夠確立自己在她心中的位置，怎料佩玲卻表示關係未成熟，要考慮多一會。他大受打擊，顧左右而言他，掩飾內心的失望和怨憤，「究竟我在你內心有多重要？」建明需要的是「身分」印證。

男女關係的身分危機

「兄弟之爭」、「身分危機」（identity crisis）原來不只是少年十五二十時的困惑，戀愛中的情侶也有這方面的困擾。

不知道你今日正處於人生哪個階段？可記得小時候，我們最在意父母的反應，父母緊張我嗎？哥哥獲父母獎勵，有沒有我的份兒？父母給姊姊添置新衣服，而我仍要穿舊的，我在父母心中的地位不及姊姊嗎？在學校中，老師最喜歡誰？同學中誰最受歡迎？這也曾是你我關心的問題。成長路上，我們都曾經歷這些身分困惑，有時會很敏感，有時會不停追問，為什麼我比不上別人？為什麼父母留心哥哥而看不見我？

踏進戀愛階段，我們都希冀擁有一段獨特的愛情。電影《她比煙花寂寞》中有一幕，妹妹很不明白姐姐為何選上一個條件毫不出眾的男友，便問姐姐：「他到底有什麼地方吸引你？」姐姐眼中閃着幸福光彩說：「他令我覺得我是很特別的一個。」(He made me feel special.)這是愛情的神奇魔力,「身分」被確認,令平凡的變得不平凡。

愛情令人嚮往的,大概就是這份被珍視的感覺。當我有需要時,你會否第一時間趕到我身邊?關係剛開始時感覺總是新鮮和喜悅的,兩人都想見到對方,日夕掛念,根本沒有時間去想「身分危機」的問題。只是浪漫過後,溫馨的二人世界以外,仍有其他人際網絡,會分薄給對方的關注,關係於是面臨一浪接一浪的考驗,開始會問:「究竟我重要,還是他的同事重要?」「究竟我重要,還是他的母親重要?」「每次他的客戶傳呼他,他便趕忙回應,究竟我重要,還是他的客戶重要?」

「獨特的身分」、「重要的位置」是每個人所嚮往的。不少蜜運中的女孩子都異口同聲地表達,無論男朋友如何信誓旦旦説愛自己,一朝未能確定對方把自己放在第一位,一天都不會輕言結婚。不知道男孩子可會有同樣的要求?雖然男孩子不輕易説出口,但我相信,身分的確認，對於男性或女性同樣重要。

愛一個人，自然渴望在對方心中佔着舉足輕重的位置。但若期望對方無時無刻都把自己放於首位，則是不切實際的。在關係中建立安全感和承諾，並不等於佔有對方；要成為對方的主人，是一種十分危險的心態。戀愛雖然是兩個人的天地，存在若干程度的排他性（legitimate exclusiveness），要求對方與其他的異性保持一定的距離也是合理；但若其中一方佔有慾太強，常常抱着「這是我的，誰也不可碰」的心態，只會叫另一方反感。

絲蘿托喬木

自從永和與女朋友認識後，女朋友便很照顧他，既是他的私人祕書、公關經理，更是形象顧問及進修顧問。當永和向女友表明，他想有多一點私人時間，才發現他的女朋友已經視他為生命的一部分，沒有他的日子便過不了。他這個要求，被女朋友視為疏遠自己的表現，鬧得很不愉快。有一次永和提出分手，女朋友便吞下整瓶止痛藥想了結生命。

絲蘿托喬木的愛情，任何一方以自己為大樹上的寄生植物，這種依附關係也許淒美而感人，但並不健康。

要依附着另一個人才能生活，才覺得有安全感，這情況就像小孩子依賴父母一樣。誠然，小孩子未能獨立，習慣依賴父母，我們大概都明白是什麼一回事；面對一個陌生的世界，只有依附着父母或者其他熟悉的成年人，才覺得安全。

幼稚園老師最能體會心理學家常常提及的分離焦慮（separation anxiety）。長大成人，大概不會因分手而動輒慌張受驚，離別卻從來不是一件容易面對的事。一旦感到愛被褫奪，在關係上被拋棄而深深受傷，每個人的反應可以很不一樣，也帶來不同的結局。我曾在網上看到一組照片，相中可見女生在鬧市街頭跪在男友面前，但男友無動於衷，甚至拂袖而去。

相近情景在現實生活中我也曾目睹過。女方條件出眾，對男方千依百順，只是男友抵不住她的全天候依賴性格，斷然提出分手。冷不防女方突然跪下，苦苦哀求對方給予她改過的機會。當日作為旁觀者，心內突然湧出一股憤慨難過，原本好端端的「小公主」，怎麼一下子變成「地底泥」？ 但這一跪教我完全明白雙方關係不能逆轉的核心緣由了。與其怪男方狠心，不如問女方內裏的安全感為何如此不堪一擊，致令她在慌亂中把寶貴的個人尊嚴丟棄，任人踐踏。

對於缺乏安全感的人，分手這歷程尤其艱辛，他們心裏往往容易產生不配擁有或應該擁有兩種極端心態。前者有那跪地女生為例，後者通常佔有慾很強，拒絕放手。事實上，每個人都是獨立的個體，我們不可能完全屬於或擁有任何人，就算是夫妻，也要有個人的空間與彼此的界線，不可能完全擁有或控制對方，流行曲中「我是全部屬於你」等情話不能當真。

被喚醒的渴求

如果兒童對父母的佔有慾得不到適當滿足，他們的依附傾向便會在生命的其他階段再次湧現，這是著名心理學家鮑比（John Bowlby）的「依附理論」（Attachment Theory）。他認為，若孩子在小時候缺乏能提供愛和安全感的對象，長大之後，當踏進比較親密的關係中，那種對依附的渴求便會被喚醒，戀愛關係中所謂的嫉妒，也許和這種心態有關。

有人說，每個成年人的內心都有一個未被滿足的小孩子，這說法有多真實，其實很難驗證；但嫉妒確有可能和成長時缺乏關愛有關。愈缺乏愛的人，愈容易產生妒忌之情。缺乏愛，自然缺乏安全感；安全感不足的人，碰上一個可以依賴的對象，自然會抓住不放。這些人面對情感挫折，反應自然比一般人強烈。如果你相信鮑比的理論，失戀時的傷痛，其實暴露了成長期的缺乏，失戀也可以是一次個人成長的機會。鮑比認為，當成長中遇到適當挫折（optimal frustration），人便會逐漸放下對依附的渴望。

不要過分依賴別人，也不要單單為愛情而活。一心執著於愛情，反成了一切煩惱的根源。健康的兩性關係不存在「誰佔有誰，誰依附誰」的問題。人世間，沒有一個人能夠成為你的「另一半」，你也不是任何人的「另一半」，每個人都是完整獨立的。著名精神科醫生派克（Scott Peck）談及相愛時，有以下定義：「相愛是當兩個人即使沒有對方，也能生活下去，但選擇了彼此一起生活。」

似去還留的三角威脅

婚期敲定，便能確定自己的地位，不會有身分危機嗎？

俊明與佩君的婚禮差不多完成籌備，正商議賓客名單。

「一定要邀請你的登山小組成員嗎？已經解散那麼多年了。」佩君說。「正是這樣才難得碰面，有什麼問題嗎？」俊明反問佩君，「哦！沒有……阿美會到嗎？她在香港嗎？」佩君探聽着，説罷有一份莫名的歉疚，有點不好意思。

名單內還有俊明的前度女友，佩君不覺得有問題，但對阿美卻別有顧忌。俊明曾想追求阿美，只是後來打探到她已心有所屬，於是才作罷。據聞因為移民問題，阿美與男友終於分手，今日仍是單身，風采依然。佩君見過她，着實是一個很有氣質與吸引力的女孩子。

畢竟俊明沒有和阿美有任何感情糾葛，佩君為此憂慮，自己也覺得有點無聊，但是腦海中，卻禁不住想問：「如果他們當年真的開始戀愛，今天的新娘子究竟是我還是她？結局會改寫嗎？」

不要暗笑佩君無風起浪，當你和另一半逛街，卻碰見對方一度心儀的異性朋友，你會有什麼反應？若這人條件比你好，你會覺得「身分」受到威脅，感到不安嗎？這不一定代表你心胸狹窄，卻多少反映出你對自我的不肯定。前度戀人結婚，新人俊美嗎？禁不住會格外留神。當年是自己決心放棄這段感情，但看到對方幸福地步入教堂了，自己仍是形單隻影，免不了有份感觸。

不只是眼前的人和事會牽動你的感受，過去的事也能影響你的情緒。Andy 的女友曾談及少年時和一名男孩子有過一段熾熱的戀情，Andy 一直不以為然。那天剛巧和這個男子碰個正着，女朋友很自然地介紹他。Andy 憶起她説過的一切，即感到胸口有股壓力，全身的血液像一下子衝上了腦袋，Andy 勉強地點頭，但掩飾不了內心的慌張和妒意。前塵往事的殺傷力，是他始料不及的。

比較的煩惱

不愉快的回憶存留腦海，一旦被牽動，就會引發與現實經驗的「比較」。

小美記得每次與同年紀的堂妹到親戚家裏，活潑好動、表情豐富的堂妹，總贏得眾人的注目。小美雖然也長得不錯，但她總感到不及堂妹美麗動人。

Derek 名叫學賢，母親希望他學哥哥志賢，樣樣出色，出人頭地，所以給他起了這樣的名字。Derek 最討厭自己的中文名，他覺得無論怎樣努力，也只能「學」，永遠跟不上哥哥，不能獨當一面。

中國人喜歡比較，尤其為人父母者，總喜歡將自己的孩子互相比較，甚至跟別家孩子比較，以為這樣可以激發孩子奮發向上的精神。其實這也難怪，他們自己也在喜歡比較的環境中長大，自然耳濡目染。

對大部分人而言，小時候的競爭和妒忌心理，早已忘得一乾二淨。留在記憶庫中的，可能只是一些「搗蛋」片段——把弟弟每張相片塗個大花臉、有意卻扮作無意地弄斷妹妹的間尺、向父母告狀、替別人取綽號等。兄弟姊妹或一班朋友談起這些昔日片段，只會笑不攏嘴，那份妒意早已記不起。

有朋友笑說，以前常常以為父母不喜歡她，記得有一次她不聽話，被父母撇在公園裏，長大後一直為此事心存芥蒂，後來和別人談起，才發現很多人都有類似的經驗。朋友最終明白，上一代父母不懂得向孩子表達正面的讚賞和肯定，才會用威嚇手段來教養子女。

雞腿與愛

然而對於某些人，昔日缺乏關注的遺憾，說不定仍未化解。輔導室內，阿慧激動地剖白自己和好友阿碧、阿碧新婚丈夫阿輝之間的三角關係：

「開始我便不喜歡阿輝。阿碧又美麗又能幹，阿輝哪方面配得上她？他收入比阿碧少，人緣也不太好。但男友是人家挑的，做老友的充其量只能提一、兩句，不便給太多意見。

最近為了一件小事，我跟阿輝吵了兩句，阿碧明顯站在他那一方，我心裏很難過。上星期阿碧打電話來，約我吃飯慶祝生日，我冷淡地敷衍她：『不用客氣了，我約了別人，你還是陪老公吧！』阿碧吃了一記悶棍，一時語塞，匆匆收線！」

激動過後，阿慧有點後悔，她問自己，阿輝真的那麼一無可取嗎？為何自己對他這樣抗拒？腦海中不期然閃過她中學四年級的一幕，那一年功課很艱深，同學們都參加補習班，阿慧也想報名，她和母親談起補習的事，母親想了一陣，便問：「真的需要補習嗎？」眼見哥哥一直都有上補習課，阿慧心裏想，為什麼哥哥可以補習，而自己有需要時，母親竟諸多藉口。翌日，當母親再問：「補習需要多少費用？」阿慧已經不想爭取了，她故作平淡地說：「還是不用了！」阿慧其實很想報名，只是嚥不下心裏的悶氣。被拒絕的童年經歷似乎仍影響着阿慧與朋友的關係。

沒有人是完美的，包括父母。父母終日為口奔馳，有時會忽略了孩子的感受；加上舊式家庭生養眾多，很難照顧到每一個孩子的需要。所謂十隻手指有長短，舊社會重男輕女的現象是很普遍的，父母特別偏愛某個孩子，也是司空見慣。

我有一位朋友生長於一個大家庭，九兄弟姊妹中排行第五，並不特別受到父母注意。他說每逢新年宰雞酬神後，爸爸會把兩隻雞腿分給大哥二哥，到後來兄姊陸續出國，便給么弟么妹享用，他心中忿忿不平，不過無可奈何。有一年他考取了第一名，而哥哥考進了大學。買了兩隻手錶，一隻是名牌瑞士錶，另一隻是不知名的外國貨，名牌錶贈給大哥，那次一等的手錶給了他。多年來，他為此事耿耿於懷，覺得父親對他的愛，也是次一等的。

他今日已身為人父。有次他與老父說起這件事，原來老父早已忘記了。今天，他對於老父的「偏心」多了一份體諒，畢竟他不是故意的；但他不能否認，這些成長經歷會留下傷痕，偶爾當他察覺自己比較敏感別人對自己的看法，或十分在意別人是否重視自己時，他便提醒自己：不要讓比較升級，自尋煩惱。

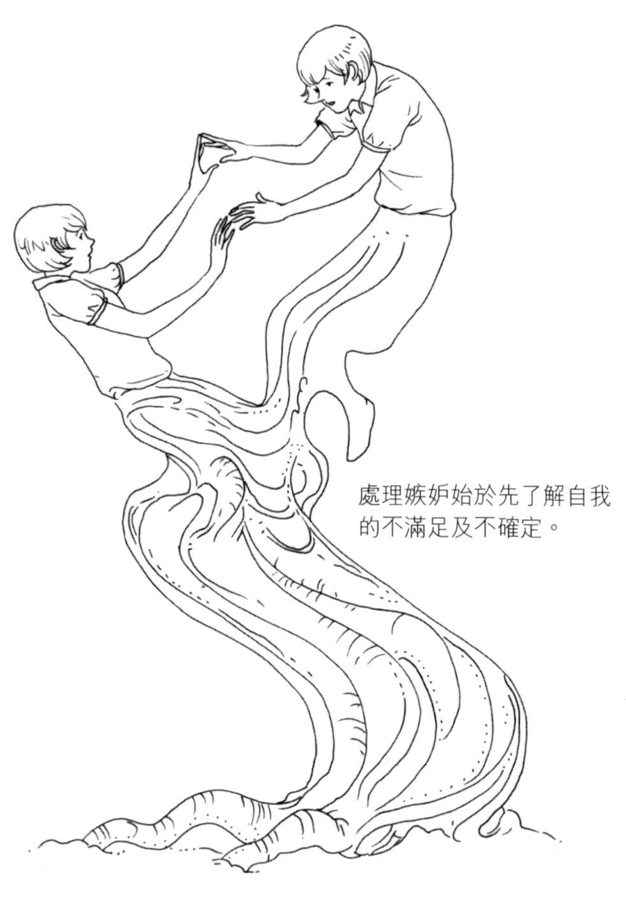

處理嫉妒始於先了解自我的不滿足及不確定。

嫉妒並不能量度愛情的深度，卻記錄了某一方不安的程度。

Margaret Mead

4 愛情三角錐

早來的婚姻之癢

感情的煩惱有時候是自找的，更多時候是不請自來，玉儀和丈夫的關係便是好例子。

「子聰愈來愈忙，往往要到八時、九時才回家。昨晚我熱好飯等他，他説沒有胃口便逕自入房了，更叫我以後不用等他吃飯。近幾個月來，他有時接近下班時間打電話回來，說約了朋友打壁球減壓，叫我自己找節目。結婚五年，生活愈來愈平淡，以前他會主動談他的工作、同事等，但現在連牢騷也不發一句……」

玉儀細訴夫妻的感情由濃轉淡，她的聲調平和，沒有激動，但眼神明顯流露出憂慮，相信這問題已折磨了她一段日子。

「他的朋友不多，大部分我也認識，我有時候有種衝動，想打電話給他們，看看子聰有沒有找他們，但知道他一定不喜歡，便沒有這樣做。」玉儀歎了口氣：「最叫我放心不下的，是那個曾經是他大學同學的 Christine。Christine 離了婚，我知道他們最近見過幾次面。他有時間安慰朋友，卻沒有時間陪我吃頓飯。我開始胡思亂想。除了那幾次他告訴我的會面之外，他們還有碰頭嗎？究竟他真的去打球還是約了 Christine？」

玉儀一方面暗責自己多心，很討厭那種杯弓蛇影的感覺；另一方面，身旁的朋友卻說她太純太善良了，應該向子聰提出質問，不然，日後便會後悔。

疑心人人都有，只要自己不變身福爾摩斯，窺視對方的行為多於關心彼此的關係，便不會動輒造成反效果。如果對方真的有事瞞着你，給你抓個正着，你又可以改變什麼呢？如果是自己疑心過重，對方知道了會有什麼反應呢？未有確實證據以前，不要作過多的揣測，相信會減少鑽牛角尖的頻率。

三角威脅

阿浩跟女朋友談了好一段時間，很想弄明白她和她所謂「大佬」的關係。女朋友叫他別多心，她解釋說：「我們是老同學，他剛從外地回港，時間多得很，和老同學敘舊，乘機打探一下香港的就業情況，實屬平常事，況且出來見面的，又不只我一個！」

說來也是，很多年前，阿浩也見過這個「大佬」，吃過一兩頓飯，他是女友中學時期的結拜兄長。阿浩看得出女友很欣賞對方，這個「大佬」又確實有點幽默感，又有膽識；當他訴說自己過去幾年的移民故事時，大家都聽得津津有味。阿浩有種不詳的預感，他和女友戀愛三年多，一段感情由新鮮璀璨漸趨平淡。這個大佬卻不遲不早地出現，在阿浩眼中，他儼如一個對手，隨時會把他所喜歡的奪去。

當兩人的摩擦漸漸增多，阿浩的神經質便嚴重起來，常常胡思亂想，究竟和女友不見面的時間，她跟誰在一起？而女友對於他的追問，也開始顯得很不耐煩，他的直覺告訴他，這個「大佬」確已站在兩人的關係中間。當看到女友和「大佬」竊竊私語，阿浩心中便翻起醋意，很想將他們分隔開！

關係依然不明朗，女友對於阿浩近日的反復情緒與脾氣表示不滿。她忍受不了，便提出分開一陣子，希望大家能冷靜一下。阿浩感到傷痛、羞辱與不忿，一句話都不說便拂袖而去！

疑心生暗鬼

每念及被人「橫刀奪愛」，阿浩便感到憤怒，也有被人「拋棄」的感覺，心存恨意。阿浩每天猜想着他們在做什麼，有時甚至想報復。阿浩覺得什麼都沒有了，心像給人掏空了，沒有動力做任何事情，愛情那灰暗與傷痛的一面，原來是那麼真實。幸好，面對如此大的打擊，阿浩仍能控制自己，不至做出傷害自己、傷害別人的行為。

其實，最終女友有沒有和「大佬」談戀愛，阿浩也不太肯定。當阿浩冷靜下來，才發覺自己反應過敏，女友和「大佬」比較投契，他便覺得關係受威脅；每次和女友談到她和「大佬」的關係，語帶質問，咄咄逼人，常常覺得自己是「受害人」，令對方感到難堪。阿浩不禁問，會不會是自己想多了而破壞整件事，弄至沒有回轉的餘地？難道一切都是自編自導自演，以致弄假成真？

疑心的出現往往源於一份焦慮與擔憂，擔心感情有變，對關係的信心動搖了。我們懷疑對方，不一定是捕風捉影，看見對方近日的行為和習慣有變，例如經常夜歸、臨時取消約會、總是沒有空、開支多了、應酬多了、相處時態度變得冷淡、見面時若有所思，又或者他/她忽然注重起自己的裝扮、儀容等，難免懷疑對方是否另有所屬。

上一代的遺恨

很奇怪，某些人特別敏感多疑，俗稱「小心眼」；比一般人更着意身旁的人對自己的態度，當某些不愉快的事情發生了，也較難放開懷抱。

淑萍便是這類人。她的男朋友曾瞞着她，替前度女友維修家居；不幸給淑萍發現，雖然男友向她道歉，她仍耿耿於懷。男友也不是故意隱瞞，只是害怕她不高興，於是暗地裏行事，卻給淑萍發現，引起軒然大波。

驟眼看，淑萍確是心胸狹小，然而在控訴背後，卻是不能忘懷的一段往事，她哭着說：「有了第一次，便可以有第二次、第三次……」她憶起的，是父親對母親的不忠。父親不正是欺騙母親多年後才被發現嗎？

在淑萍幼年，父親一直是她眼中的英雄，她也是父親的掌上明珠。二十二歲那年，她在街上碰見父親摟抱着一個女人，她的夢便粉碎了，心也碎了。一向最親愛、最尊敬、一同生活了二十多年的父親尚且如此，她實在不曉得怎樣去相信這個只相處了一年的男朋友！

父母有婚外情，又或者父母親的性格比較多疑，導致關係惡劣，都會影響孩子對別人的信任。父母親互相埋怨，從未建立過真正的信任和尊重，孩子在充滿猜疑的環境下長大，較容易掉進嫉妒的煩惱中，日後往往要付出加倍努力、加倍時間，才能在人際相處上建立信任。

債未償，氣未平

何先生曾在公司和女下屬發展一段霧水情緣，被太太揭發後深感歉疚，選擇浪子回頭。太太辭退工作，當他的私人祕書，但事情並未完結。何先生平日習慣買半打橙回家，某日只買了四個，太太便語帶雙關地說：「其餘兩個送給誰了？」平日慣用的衞生紙斷貨，何先生轉買另一個牌子，太太便說：「貪新忘舊，說不定什麼時候也把我換掉呢！」何先生若說話前後不一致，甚至日常一個小動作，也可以成為何太指控的罪證。

妒忌之所以在某些人心目中較易萌芽，可能由於他們過去的背景、成長的經歷，也可能是「一朝被蛇咬」的後遺症，所謂「見過鬼怕黑」。情感上曾被背叛，不論對方是一腳踏兩船，或是一夕風流，日後要走在一起，箇中的信任、關係的重建，實非一朝一夕。傷口既不容易痊愈，未愈的傷口也容易再受傷。

三角遺恨，播下的往往是疑慮與怨懟的種子。要消解雙方的猜疑，除了付上時間重建信任，此外別無他法。你可以坦誠地向對方表達內心的疑慮，但切忌要求對方證明他/她的誠信，或者嘗試控制對方，例如常常打電話掌握對方的行蹤，甚至限制對方的活動等，這只會弄巧反拙，令對方反感。

抱着「債未償，氣未平」的心態過日子，是最具破壞性的。受害的一方執著於對方的錯，沉溺於過去的創傷的消極情緒中，不能重過新生活；即使兩個人勉強維持關係，也只是一個戰場，大家殘忍地互相折磨，彼此繼續互相傷害。對方已表示後悔，想重新開始，假使你不斷翻舊帳，對於關係的修復有損無益。

讓忌恨繼續燃燒也可能令人失去理智，做出違法行為，這説法並不誇張。失去常性或理智的真實個案，在我們的社會也時有所聞：向分手女友潑硫酸，斬傷情敵然後自尋短見，「大婆」追打「二奶」，婦人抱着年幼子女跳海，妻子與丈夫同歸於盡……一幕幕倫常慘劇，盡見人性扭曲，令人慨歎唏嘘。

難怪嫉妒在西方又被喻為「綠眼睛的魔鬼」，它潛伏在人的內心，把心一口一口地吞噬。當關係出現問題，切記要控制疑慮與怒氣，化解怨懟，才能避免更深的傷害。對於性格比較衝動的人，要多留意自己的「火氣」，學習控制情緒；對於城府較深的人，則要多留意埋在心中的「苦毒」。「火氣」與「苦毒」都足以導致玉石俱焚。

給愛一點空間

不要期望把失去了的「卡路里」一下子補充妥當，甚至儲糧以防萬一；試想像你捱餓一段日子後，狂吃一頓會有什麼後果？要求對方經常陪着自己，或強迫對方一天打好幾個電話報告情況，又或遠離某個圈子，以為令自己安心，其實只會令大家辛苦。沒有人可以完全控制和擁有另一個人，這樣做只會令自己疲於奔命，令對方生厭。

不妨為愛留一點空間，學習尊重彼此的私人空間。煩惱，大多是由於人試圖改變那些改變不了的事物而造成的。停下來想一想，在彼此的關係上，哪些事情是你可以改變的？哪些事情是你不能控制的？

你可以改變自己對事物的看法，你可以嘗試用新方法去處理情緒，你可以改變某些習慣，你可以做些新鮮的事情令自己開心一點，你可以選擇發脾氣或控制自己的怒氣，但是，你不能控制對方的思想、態度、習慣、行為。記得有一段很有意思的禱文是這樣的：「主啊！求賜我平靜去接納那些我不可以改變的事情，賜我勇氣去改變那些我可以改變的事情，賜我智慧去分辨兩者。」

嫉妒又被喻為「綠眼睛的魔鬼」，它潛伏在人的內心，把心一口一口地吞噬。

愛情如死之堅強，嫉恨如陰間之殘忍。

《聖經．雅歌》8：6

5 沒有**效力**的條款

早前讀到一段令人匪夷所思的新聞，原來內地情侶近年興起簽署所謂戀愛協議。有一對分隔兩地的大學生情侶，男方因宿友不經意的一句：「你現在自覺幸福，但異地戀的成功率只有百分之一，你可要慎重考慮啊！」決定仿傚他人訂立了三十五項條款的《戀愛約定》。雙方約定三至六年內結婚、不得悔婚、看美麗帥氣的異性不可超過一秒鐘、吃飯前必須默念對方的名字一次、每天思念對方不可少於三小時等等……有效期約定至其中一方死亡為止。

為隆重其事，除了有好友見證簽名外，更打算趁今年端午節假期，把合約帶回家給父母簽名。用不着訪問法律專家，我們都知道以上條款不具任何法律效力，足以把對方「綁實」。有人欣賞這對年輕人對感情認真，也有人認為內容無聊，反映現代人對愛情缺乏安全感。事實上，戀愛從來都是由心出發，態度比守則重要，要是其中一方悔約，移情別戀，任何罰則都是沒有意思的。要常常提醒自己，維繫感情的基礎為誠信，重點在於彼此之間的信任。缺乏安全感的人很少領悟到，不信任可分為兩種，不信任所愛的人與不信任自己，後者才是造成嫉妒最根本源由。

人會嫉妒，也是因為人情感豐富。但太豐富的情感會驅使我們用「自以為是」的方式去處理事情，造成反效果。例如：引用前述條款「看美麗帥氣的異性不可超過一秒鐘」去要求另一半眼中只有你，甚至出盡法寶令對方不可隨便跟別的異性講話。剛開始可能奏效，但日子一久，這種不文明的操控只會令人對你生厭。

與其構思一些沒有約束力的條款，不如訂下可以令自己愛得理智，愛得清醒的備忘錄，在有需要時提醒自己在愛中保持一定安全距離。

愛的備忘錄

* 浪漫、悲情的故事不宜聽太多，所傳遞的信息未必正確，也可能不切實際。

* 別讓想像力或聯想掩蓋理性思維，影響自己的判斷力。

* 為愛留點空間，避免把所有時間、情感全放在對方身上。

* 對懷疑的事情保持適度的沉默，可以避免口出挖苦之言。

* 關係沒有「快餐」，感情與信任的培養全賴有質素的相處時間。

* 不要期望對方做一些自己不願意做的事情。

* 愛情並不是生命的全部，對方也不是你的一切。
* 不要強迫別人更愛你。
* 控制怒氣、憎恨、暴力和抱怨，是克服嫉妒的重要功課。
* 愛不是交換條件，也不能操控對方。

流逝的承諾

嫉妒常常與不確定及不安全感相伴，人卻總想在危機出現前捉緊安全感，務求「確實地證明他並不喜歡她」或「確保大家永不分開」。只是人生有太多不穩定因素，有誰可以掌握未來呢？即使沒有第三者介入，也無法保證你的情人永遠不會變心。眼見不少在愛情路上被拋棄的一方，一次又一次要求對方給予合理的「變心」解釋，卻永遠得不到令自己滿意或罷休的答案。須知道人生很多事情都是不合情理的，又何苦再給對方機會去說一些難堪的話，損害個人的自尊呢？

沒有堅守承諾，並不一定是惡意的。在宮崎駿的動畫《崖上的波兒》，才不過五歲的宗介，便認定要與波兒締結一生的幸福，那是童話，還是預見呢？記得有朋友那未滿十歲的小兒子，有次在病中對媽媽的悉心照顧很受感動，情深款款並且口吻堅定地對母親說：「我將來長大後要買一層樓給你住。」母親笑不攏嘴：「阿仔，你稍等，待媽媽拿部攝錄機來，你再說一遍。」

什麼時候是在扮家家酒，什麼時候可以當真？「兒戲」，也許是高估了自己信守一生的能力。你曾否後悔作出某些承諾？或從錯誤決定中醒悟過來？近年報章上不乏佳偶變怨偶，屢傳糾紛甚至釀出血案的報道；動輒因被拒愛，當街將女方割喉殺害，然後自戕身亡的悲劇時有所聞。據說幾年前，重慶一名青年狂捅女友十四刀致死，他上庭時還自稱沒犯錯，因為雙方曾有協議，內容包括「誰變心，對方就有權將其殺死」！

猜疑成妄想

至此你大概也體會到，嫉妒心理一旦惡化，往往散播着悲劇的種子。沙翁筆下的奧賽羅，本來性格慷慨又有理想，卻因猜疑妻子不忠而殺了她。早期的精神病學家便把認為自己的伴侶不忠，以致衍生無法想像的猜疑，甚至不惜玉石俱焚的極端行為命為奧賽羅綜合症（Othello Syndrome），也就是所謂嫉妒妄想，是一種病態型思想。難怪哲學家培根（Francis Bacon）曾形容嫉妒為魔鬼的本來特質，帶有相當的躁狂性和盲目性。

「嫉妒妄想症」的患者通常有以下特點：強烈的自卑感，這也可能來自健康因素或性功能障礙；身分地位的退化，如失業、破產、年紀老邁等，所以常有七八十歲的長者堅稱配偶不忠而使人啼笑皆非。在心理上把對方視為個人產業而佔有慾極強的人，相信是我們最常遇到的類別，據説其中有不少是酗酒人士，但究竟是先有雞還是先有蛋的問題，便很難稽考了。

雖說嫉妒是人之常情，當信任瓦解，假想又栩栩如生時，蛛絲馬跡突然串在一處，形成了一個不忠的妄想系統，相符的猜測或證據使妄想更牢固，相反的理據一概被視為遮掩罪行的手段。既認為對方有問題又怎會自己走去求助呢？所以從來被確診的數字都相當低。但在當今強調個人自由與人權的社會中，合則來不合則去，婚外情更是與日俱增，懷疑達到病態程度的個案並不罕見。

幸好得不到自以為的幸福，一般人都不會採取同歸於盡的激烈行徑，但在悲傷怨憤中不能自控的想法，在輔導室內還是聽過不少，例如不斷以電話騷擾或追蹤，令對方睡不安寧；到工作地點數落對方，拖累對方連工作都丟掉；又或者在網上公開對方一些私人照片等等，幸好大部分人只是想想而沒有以身試法。種種報復心理，背地裏也是忌恨，不少分手過後的年輕人告訴我：

我妒忌：對方活得比我好！

我妒忌：對方比我更早找到幸福！

我妒忌：對方比我快復原，好像什麼事都沒有發生過！

嫉妒所未知的空白

即使是自己要離開，仍然可以妒忌。法國當代作家安妮·艾諾那半自白式的著作《嫉妒所未知的空白》（*L'occupation*）中可見一斑，女主角主動結束與W君的六年戀情，但仍互通電話，間中還會見面。一晚W君來電，説將與另一個女子同居，從此這位素昧謀面的女士侵佔了她的思想空間，牽動着她的神經線。雖説是自己先放棄，對方卻比自己先有新歡，一旦發現自己可以被取代，才開始經歷因分手帶來的痛苦。

女主角苦苦尋覓這個「第三者」的任何信息，從此生活中的其他事情變得不再重要，女主角的世界只繞着嫉妒的對象不停轉。愈試圖去掌握，事情往往愈朝着心中所期待的相反方向走。但知道愈多愈不能解脱，反而會編織出更多疑竇。在知與未知之間，追逐一個永遠不會滿足的答案，換來更漫長的折磨。周而復始的探問，既暴露了個人執迷的痛苦，也使人煩厭。

是比較、不甘、一份既自戀又自卑的心態，一個不願意接受事實的狀態，令當時人痛苦封閉，作繭自縛。如此折騰了好一段日子，女主角不斷透過書寫，像剝洋蔥般一層又一層地剖白所經歷的思緒、情感和行為，當文字化為了實體的嫉妒，填補了那「所未知的空白」(那女士的模樣、姓名等等)，最終明白到不能再享有曾經習以為常的一切，從中抽身而出。

冰凍三尺

事實上，冰凍三尺，非一日之寒，第三者絕少能搖動健康愉快的感情關係。就算第三者不存在，任何一段戀愛都會有困難的時候，即使多年感情，亦不保證會開花結果。當兩人意見不合，需要分開，而同一時間更出現了第三者，對當事人的打擊便會更沉重，人更容易顯得彷徨無助。

對於失戀的人，失落的不單是一份感情，還有一份自信。特別是「被拋棄」的一方，會懷疑自己的價值。情緒低落時，更會埋怨自己的條件不及人，所以才會失去對方。人變得異常脆弱，幾乎以為自己一無可取，再沒有人會去愛自己，那份挫敗感與意志消沉，往往需要一段更長的日子才能重新振作起來。

失去一旦成定局，無法挽回，惟有面對現實，學習放手，接納自己心靈的損傷，需要經歷一段時間的哀痛才復原，重要的是愛惜自己，不自暴自棄。有些人面對重大失落時，會躲起來不想見人，以免被人問起兩人的關係時尷尬無奈。這些間歇性的逃避，無可厚非，只是不要讓自己避世太久，傷痛過後，總得面對人事變遷，重建新的生活秩序。你更需要一些關心你的人的支持與同行，去面對那份壓力與焦慮。

如果你沒法忘記和饒恕對方的不是，或一時間未能寬恕對方，也試試別沉溺在負面的思想和怨懟中，以免做出一些令你後悔的事情。即使對方已開始了另一段新的關係，也別衝動地開展另一段感情去填補心靈空隙。心境未平復之下作出的決定，通常不會是最好的決定。

尊重與放手

情感上的抽身需要時間，過程絕不輕易。因此，有人會在三角拉扯中，明知彼此未必合得來，相處不斷出現困難，卻出盡九牛二虎之力，千方百計要留住對方。有沒有想過，不可以被奪去的，可能是一份自尊、一份面子。也許要挽回的並不是愛，只因過去幾年付出了太多，失去對方，如同失去一切。

與其説執著不放是出於愛，不如説是害怕失去自以為的所有。所以，嫉妒未必是深愛對方的表現，有可能感情其實不深，只是礙於無法面對自己的失敗，也可能已習慣把對方視為自己的一部分，不想改變。善妒的人最容易不知不覺間美化了自己喜歡的人，卻把自己看扁。不要以自己是否被某人所愛而斷定自己的價值、擁有或失去並不影響一個人的存在價值、不要太介懷別人的目光和評價等……這些勸喻的話你可能已經聽過，然而，知易行難，更何況在感情上剛經歷重大挫折，要重新鼓勵自己並非易事。

真愛建立在互相尊重、諒解及保留個人自由的基礎上，誠然這需要雙方的共識與承諾，並讓對方感到安心。進入一段愛的關係需要勇氣，願意放手的勇氣更大，不知你對美國導演添布頓（Tim Burton）的動畫電影《怪誕屍新娘》中的愛蜜莉可有印象，故事中的屍新娘深明愛不能強求的道理，甘願在三角關係中隱退，成全對方，電影一幕，她化身為蝴蝶在藍空中散播祝福和珍惜。

人生中幾許得失、離合，今天是朋友，明天變成陌路人，關係不斷轉變，是人生必須經歷的。這些生命的轉變，就如一個一個考驗，驅使我們調節自己的情緒，考驗我們處理「失去和分離」的能力。

談到失去，我想起最近與一個高中生頗有趣的對話，他告訴我一次參加體能訓練營的經歷，他要從沙田城門河跑一段路到亞公角山上的突破青年村，跑到山腳時，雙腿已經很疲軟；但仍堅持下去，過了不久，雙腿不再覺得疲軟。跑了不久，又覺得胸口隱隱作痛，他咬着牙關跑下去，胸口痛楚又消失了，不經不覺竟到了終點。我問他有什麼體會，他只簡潔地說了一句：「那些痛是會過去的。」人生也是這樣，每渡過一個關口，自會更有能耐、信心去迎接下一個關口。

人生中幾許得失、離合，今天是朋友，明天變成陌路人，關係不斷轉變，是人生必須經歷的。這些生命的轉變，就如一個個考驗，驅使我們調節自己的情緒，考驗我們處理「失去和分離」的能力。

嫉妒是一種屬地獄的情感，與瀟灑無緣，與陽光無緣。

6 不自覺的競賽

人人都會妒忌。有時是看不慣別人生活條件比自己優越，有時是因別人的才華得以發揮、備受讚賞而感到沒趣。人與人之間常因嫉妒，而傷害了情誼。叫人可惜的是，這樣的例子和經驗常常都在上演，否則那些充滿爭寵爭產的場面，類似「溏心」「家好」的電視劇哪有這麼多人追捧？

輔導室內，Terrance 這個男孩子對於自己近日在人際中的困境突然有這樣的發現：

「原來自己是個容易嫉妒的人，難怪與人相處對我來說總是有點困難。嫉妒真可怕，卻偏偏不容易被意識所察覺，反而被意識合理化。明明是妒忌別人，偏偏說不喜歡對方是另有原因。嫉妒的理由只是很小的事，小得不值一提，因為說到底，嫉妒心是毫無理性的。」

著名的心理分析學家基連博士（Dr. Willard Gaylin）在一本論述情緒的著作中，把嫉妒再細分為兩類：因疑心所引起的嫉妒（suspicious/romantic jealousy）與及源自比較的嫉妒（envious jealousy）。前者很多時出現在拍拖戀愛的關係中，本書絕大部分篇幅都主要觸及這方面；而後者最易在兄弟姊妹鄰里同事間的比較與爭競中繁殖和播衍，簡單來說，可以定義為一種因別人的好景所引發的失望、不快的情緒。

由羨慕到妒忌

試想像一下看見別人金榜題名，自己名落孫山的感受，自會明白這也可算是正常人的一個弱點，沒有什麼好介懷。只是一旦容讓它發展成一種不服、不悅、自慚、怨恨，甚至帶有破壞性的負面情緒活動，後果便不堪想像。電影《愛・誘・罪》中，小妹妹妒忌姊姊與自己心儀的人發展感情，不惜假造證供令男方鋃鐺入獄，妹妹成功拆散姊姊的姻緣，卻換來一生悔疚。

有心理學研究指出，嫉妒心較強的人，可能是因為內心自我要求甚高，因而產生不安全感，這種內藏的情緒，面貌相當複雜，叫人不易識別識破。一個自我要求過高的人，總會感到每樣事都不足：應該可以生活得更好、或是害怕自己在各方面被人趕上甚至超越，即使在別人眼中很成功，內心常常擔驚受怕，絕少懂得欣賞或享受自己努力的成果。如此人生過得很累、很辛苦。

也有說自尊心和優越感較強的人較易妒忌，這與個人的能力和成就不一定有關。成就平平者不一定會妒忌出類拔萃的人，有所謂：「知足者，貧亦樂」；反而一個好勝、遇強愈強的人一旦受到挫折，嫉妒心就悄悄上身。雖說「有競爭有進步」，進步會帶給人快樂，做得比別人好，有時難免會沾沾自喜。中國人有句話：「不招人妒是庸才」；也有說個人的成就，可以不提則不提，真的要提時，輕描淡寫的帶過就是，以免樹大招風。

不知道你有沒有留意剛過去熱爆全城的《全英一叮》（*British Got Talent*）比賽，被網友暱稱她為天籟村姑的蘇珊博伊爾（Susan Boyle）最後大熱倒灶。報章連日來已經有不少關於她的花邊報道，大意是她抵受不住一夜成名的壓力，對人不禮貌並說粗言穢語，最後敗於觀眾投票。與其說這位其貌不揚的蘇格蘭女士臨場失準或者是沒有觀眾緣，我感到她可能是英國人心底羨慕的對象。

超過二億人次點擊觀賞過蘇珊的初賽表現並且

讚不絕口，自己想做的事情，居然有人做到了而且做得相當出色；自己想達到的夢想，居然有人達到了而且有目共睹。這又忍不住要評頭論足一下了，但又不好明挑骨頭，只能轉個背對她的粗鄙表示不欣賞，以投票證明自己是個有識之士，這種集體呈現的反應方式，可能混雜了不少嫉妒的情緒。

嫉妒的四重結構

白雪公主的美貌、莫札特的才華以至蘇珊的際遇告訴我們，老巫婆是百變的，可以化身成多個角色。人因為某方面出眾而帶來的壓力與麻煩，處境縱不相同，但背後的感受與經驗，以致有可能呈現的人性幽暗面，很多時候都很相似。原來與人相處都有其**結構性共通處境**。

前述基連博士那本有關情緒的書，雖然是上世紀八十年代的作品，但其精闢的見解，至今仍為人津津樂道。在精神分析學派的網頁中，你仍可找到有關這書的評論。作者在其中一章深入淺出地解構了嫉妒這情緒，介紹了嫉妒心的四重變奏與心理結構。

1. 感到缺乏
（Feeling / Sense of Deprivation）

嫉妒心的引發通常是感到個人的一些需要**被否定**，例如渴望旁人的關懷卻感到被忽略，希望晉升卻不被賞識。當事人是否真的被忽略，是否有晉升的條件並不重要，關鍵在於他認為如此並且**感到缺乏**，牽涉的感受通常有渴望、空虛、難過與憤怒。

2. 不斷比較
（Unfavorable Comparison）

我們接着發現，自己一直渴想的，原來落入了他人手中，漸漸跌入一種不健康的**比較心態**中。比較的對象常常是那些會在身邊出現，年齡、性別、學歷、職業、地位等條件與自己相似的人。眼見昔日同窗平步青雲，自己卻原地踏步；過去與自己平起平坐，甚至不如自己的同事，現在卻超過自己，內心那種耿耿於懷的憂戚，社會上一般稱它為「紅眼病」，牽涉的感受通常包括自我懷疑、深感不足、羞愧與苦澀。

遇上這等叫人沮喪的際遇，只要能夠「停一停、想一想」，及時認清及適當地處理失落的情緒，那短暫的自尊受損（narcissistic injury）並不難修補，心境會隨日子逐步回復平衡，過程中甚至成就了不少奮發圖強的故事。但要知道自我價值的修補不在於反敗為勝、吐氣揚眉；個人有進步固然值得高興，但以為擁有愈多成就，就可以填平內心的渴望，那只是一種假象。

3. 時不與我的無能感
（Feeling of impotence in the face of disparity）

酸溜溜的感受一旦超越黃線，並且被人用放大鏡聚焦在理想與現實的落差中，便會產生一種時不與我的**無能感**。當中的感受有抑鬱、自憐、忌恨等。這時的嫉妒，主要是對在某方面超越自己的人，無意或有意的抗拒，人會變得激憤，容易激起攻擊心。

開始時是羨慕別人擁有的，希望自己也可以擁有，漸漸希望自己得不到的最好別人也沒有。

嫉妒的目標由別人的好景蔓延至整個人，覺得對方事事不順眼，可見這種忌恨會不自覺地影響一個人的判斷力與是非心。在工作間，你也許曾碰過那些自覺懷才不遇的「呻吟一族」，暗地裏常與人比較卻扮作不在意，刻意不跟你合作，而且話中有骨頭，一有機會便落井下石，很少人會察覺這種種隱蔽帶攻擊性（passive-aggressive）的小動作也是嫉妒的化身。

4. 追逐爭競

（Slippage from comparative to competitive mechanism）

歷史上許多骨肉相殘的悲劇，都是由不自覺超越警戒線開始，那狀況就如跌進了一種難以與人共存的**攻擊與爭競**的循環當中。這時候，嫉妒者進一步將個人不如意的際遇與別人的豐足掛鉤，非理性地扣上一個因果關係：「我應得的現今缺乏了，是因為你的存在，你擁有了我想要的東西。」漸漸地，每當與比自己強的人在一起時，內心就會產生一種痛苦的刺激，造成情緒上的抵觸和對立，甚至把這種吹毛求疵、製造事端的情緒投射到對方身上，並且相信自己才是受害者，若然不幸傷害到對方，只不過是要自我保護而已。

基連博士以燉盅思維（stew-pot mentality）來形容這類人的思想框框。情況就如小孩子很需要媽媽的愛，卻又認為媽媽的愛好像燉盅裏的食物，供應有限；討厭的妹妹吃了一碗，我就少了一碗。這也像兒時在公園內玩蹺蹺板（teeter-totter phenomenon），你想升高要另一方肯降下；輪到對方升高時，卻感到自己矮了一截。明眼人一看便知道這是一種心理倒退現象，只是「當局者迷，旁觀者清」，當事人很少會察覺自己的缺乏與無助感竟與一個小孩子無異，但事實上確有不少這類人存在。

妒忌的四重結構（Gaylin, 1979）

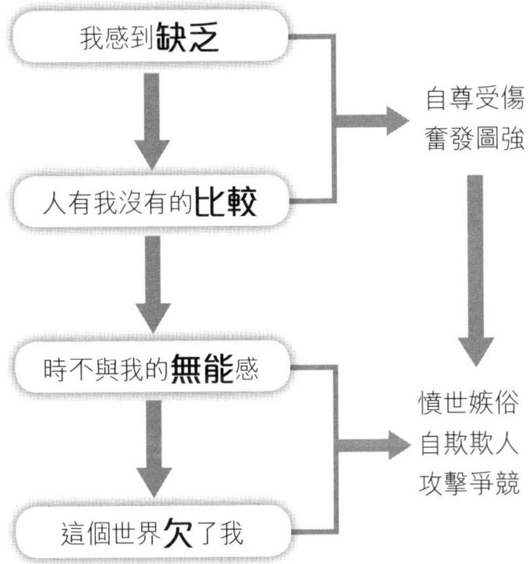

自卑心與比拚假象

對外積累着不滿，對內不接納自己，任由苦澀無限擴張，自尊感便進一步滑落。嫉妒有很大的吸附性，一旦闖進了心靈深處，不但削弱我們的個性與能力，更會腐蝕我們的自我價值、自信心與快樂。一個自卑心強的人對自我極不肯定（sense of inferiority），如果自幼處身不斷比較的環境，時刻感到受威脅，長大後自會較容易跌入爈盅裏，這種比拚假象（false competition on non-competitive events）再發展下去便是妄想，所說的妄想並非指出現幻覺幻聽的思覺失調，而是一種內化了的固執。

妄想的特徵是「堅信不移」，即使缺乏事實根據，也不能用一般理性方法去糾正，早已超越普通吃醋心理，很大程度是一種性格障礙。難怪基連博士總結，嫉妒很多時候是自尋的煩惱，令當時人最終在自我應驗預言（Self-fulfilling Prophecy）中不斷掙扎，苦不堪言。

有時候，適度的迴避現實，所謂「吃不到的葡萄是酸的」，不失為一種平衡心理的有效方法，往往可以短暫地保護自己免自尊受損。每個人都會在不知不覺中，學會採取獨特的方法，將個人與現實的關係改變一下，使情況容易接受一些，以避免引起太大的痛苦與傷害。一旦發現自己使用過度，累積了過多致命的「葡萄酸」，終日感到是世界欠了自己，你必須尋求幫助，正視個人的問題。

人生在世，總會碰到比自己在某方面優勝的人。「人比人，比死人」，愛與恨，如何計得真？只要退一步想，或放眼外邊的世界，便不會執著於所謂的「公平」，嫉妒也自會消失。

最近讀余秋雨的《霜冷長河》，裏面有一首很有意思的兒童詩，不知能否給你帶來一些啟迪：

「滿街都是新鞋，
我是多麼寒傖，
纏着媽媽一路哭鬧，
直至突然看到，
一位失去了腿的人！」

成長路上的感恩

眼見別人的不幸，醒覺自己的豐足，便會泛起一種感恩之情。記得有一次帶領一個成長小組，組員各自回顧成長路上對自己有正面影響的人和事，一天過後，人人豁然開朗，如沐春風。當你安靜下來，也可試試這個練習，回望自己的生命歷程，記下那些曾帶給自己正面影響的人物和經歷。

童年 / 小學階段：

青少年 / 中學階段：

成年階段：

人生旅程中，誰不渴望被欣賞、被肯定？當你用心細想，總會找到一些生命天使，即使只是一句鼓勵的話，或一個明白的眼神，也彌足珍貴。如果有機會，不妨打個電話、寫個電郵、寄張感謝卡，和這些「天使」聯繫一下，談談當年軼事。愈能夠把心思投注在感恩之上，愈不會有餘暇去妒忌、自責和自憐。

人生旅程中，誰不渴望被欣賞、被肯定？當你用心細想，總會找到一些生命天使，即使只是一句鼓勵的話，或一個明白的眼神，也彌足珍貴。

要步行得遠且快，行李便得輕省，放下嫉妒、忌恨、不願寬恕、自私與容易害怕的心。

Glen Clark

7 可以只「羨」不「妒」嗎？

至此，你認清了嫉妒的身影沒有？

有人問，認識這種情緒又如何？可以把它消滅淨盡嗎？

任何問題的解決，都是由「認識」開始。當關係出現問題，能弄清楚問題的核心，知道自己的責任和可以改變之處，便不會過分逃避，或者過分自責。常言道「退一步，海闊天空」，尋找出路往往需要先退後一步、處理情緒，能夠冷靜下來，才容易看到事情的另一面，才能夠誠實地檢視問題，公平地彼此看待。坊間有很多有關情緒管理的書籍，如果你決心由自己做起，改善人際關係，應該會對你有幫助。

培養寬容的心懷，是生命價值、心靈修養的功課，沒有捷徑，也沒有口訣。以下是我所搜集，一些不同朋友的提醒，相信也有助克服嫉妒心理：

1. **提高道德修養。**有人問：我很善良，為什麼還有種種痛苦、煩惱？與高人對話一番後，認識到自己的執著與狹隘，明白到做人要不斷開闊自己的視野，與人為善，送了自己一句：從感恩出發，從謙卑做起。

2. **正確看待嫉妒。**認為嫉妒是否定、是威脅，損害利益和「面子」，這只是一種主觀臆想。一個人的成功不僅要靠自身的努力，更要靠其他人的幫助。比上不足、比下有餘的前人智慧很值得細味。把握生命的分秒，用樂觀、勤勉的生活態度，代替原來的爭競心，你的心自會釋然。

3. **客觀評價自己。**嫉妒本身意味着某種不甘雌伏的弱者意識，卻又提醒我們自身的渺小和卑微。當嫉妒心理萌發時，要積極主動地調整自己的意識和行為，控制自己的動機，客觀、冷靜地分析自己，找出感到未能滿足的原因，是否感到自身與嫉妒對象的差距？追尋令自己嫉妒的根源，是個人問題還是環境因素？

4. **學習將心比心。**一個人不可能在任何時候都比別人強，人有所長也有所短。見賢思齊，別人得到，要像自己得到一樣開心；別人失去，要像自己失去一樣難過。佛家講的善緣，「種瓜得瓜，種豆得豆」，一個懂得體會萬物因果的人，內心明亮，不會輕易起強求心、爭競心，自能隨緣自在。能用善心幫助人，包容萬物，也是種善因得善果，又怎會有痛苦呢？這裏所傳遞的價值，與基督教強調的「與喜樂的人要同樂，與哀哭的人要同哭」的同理心，也很相近！

5. **多開發正能量。**多一點真心的讚美和欣賞，少一點批評諷刺和輕視。學習和何「解決問題」。定下「快樂日」，只做讓自己與他人快樂的事。每天柔和地與人相處，多從事正向的活動，生活和心胸視野自會變得更開闊。

每個人都會有妒忌的時候，並不一定因為缺乏自信心，環境因素和成長經驗也會播下嫉妒的種子。這本小書無意引導你拿起放大鏡尋找昔日失落的東西，只是希望你透過認識和處理自己的過去，可以接納自己多一些；更盼望讀者能肯定自己擁有的，而不是誠惶誠恐地和人比較，查找自己的不足。

情緒不是由我們控制的，我們很難阻止嫉妒到訪。惟一可以做的，是辨認嫉妒的腳蹤，當嫉妒來臨時，不讓它虛耗精力，損害元氣！

參考書目

Gaylin, Willard (1979). *Feelings: Our Vital Signs.* New York: Ballantine Books.

Dunn, Judy & Kenrick, Carol (1982). *Siblings: Love, Envy, and Understanding.* London: McIntyre.

Salovey, Peter (Ed.) (1991). *The Psychology of Jealousy & Envy.* New York: Guilford Press.

Mathes, Eugene W. (1992). *Jealousy: The Psychological Data.* Lanham: University Press of America, Inc.

Solomon, Robert M., Ko, Soo Meng, Lim, Yun Chin (1994). *The Hurting Heart: Overcoming Emotional Distress.* Singapore: Armour Publishing Pte Ltd.

Lindenfield, Gael (1997). *Emotional Confidence.* London: Thorsons.

Pines, Ayala Malach (1998). *Romantic Jealousy.* New York: Routledge.

Paul Hauck 著，黎亮吟、劉兆明譯（1985）:《寬容的胸懷：如何避免嫉妒》。台北：張老師出版社。

余秋雨著（1999）:《霜冷長河》。台北：時報文化出版企業股份有限公司。

安妮・艾諾著，張穎綺譯（2003）:《嫉妒所未知的空白》。台北：大塊文化。